CATALOGUE

D'UN CHOIX

DE LIVRES FRANÇAIS

MODERNES

IMPRIMÉS SUR PAPIER DE CHINE

ET SUR PAPIER DE HOLLANDE

La vente aura lieu le mardi 7 avril 1874
à 2 heures précises

Hôtel des commissaires-priseurs, rue Drouot

SALLE Nº 5, AU PREMIER

Par le ministère de Mᵉ DELBERGUE-CORMONT, commissaire-priseur
Rue de Provence, 8

Exposition le lundi 6 avril de 2 heures à 5 heures

PARIS

ADOLPHE LABITTE

LIBRAIRE DE LA BIBLIOTHÈQUE NATIONALE
4, Rue de Lille, 4

1874

Paris-Imp. PAUL DUPONT, 41 rue Jean-Jacques-Rousseau.

CATALOGUE

D'UN CHOIX

DE LIVRES FRANÇAIS

MODERNES

CONDITIONS DE LA VENTE

La vente se fait au comptant.

Les acquéreurs payeront, en sus du prix d'adjudication, 5 centimes par franc, applicables aux frais.

Les réclamations seront reçues jusqu'au jeudi 9 avril 1874, à midi; passé ce délai les livres ne seront repris pour aucune cause.

Il y aura exposition le lundi 6 avril, de 2 heures à 5 heures.

Le libraire chargé de la vente remplira les commissions des personnes qui ne pourraient y assister.

Paris-Imp. PAUL DUPONT, 41, rue Jean-Jacques-Rousseau.   708.3.4

CATALOGUE

D'UN CHOIX

DE LIVRES FRANÇAIS

MODERNES

IMPRIMÉS SUR PAPIER DE CHINE

ET SUR PAPIER DE HOLLANDE

La vente aura lieu le mardi 7 avril 1874
à 2 heures précises

Hôtel des commissaires-priseurs, rue Drouot

SALLE N° 5, AU PREMIER

Par le ministère de Me DELBERGUE-CORMONT, commissaire-priseur

Rue de Provence, 8

Exposition le lundi 6 avril de 2 heures à 5 heures

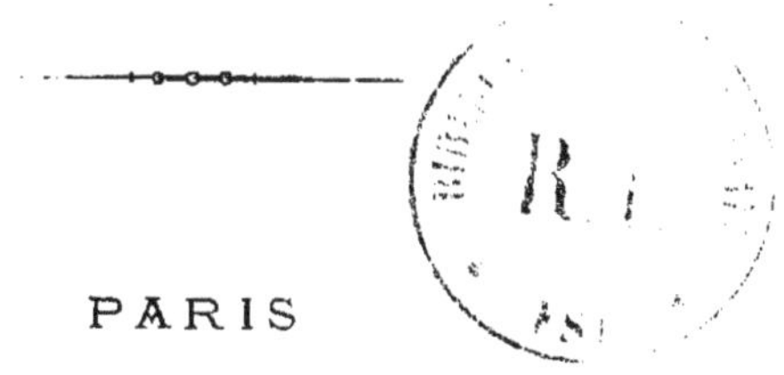

PARIS

ADOLPHE LABITTE

LIBRAIRE DE LA BIBLIOTHÈQUE NATIONALE

4, Rue de Lille, 4

1874

CATALOGUE

D'UN CHOIX

DE LIVRES FRANÇAIS

MODERNES

IMPRIMÉS SUR PAPIER DE CHINE

ET SUR PAPIER DE HOLLANDE

ÉCRITURE SAINTE — HISTOIRE DES RELIGIONS

1. LA BIBLE. Traduction nouvelle, avec l'hébreu en regard accompagné des points-voyelles et des accents toniques, avec des notes philologiques, géographiques et littéraires, et les principales variantes de la version des septante et du texte samaritain, par S. Cahen. *A Paris, chez l'Auteur.* 18 vol. in-8, demi-rel. maroq. lavall. tête dorée, n. rog.

2. LE PENTATEUQUE ou les Cinq Livres de Moïse, traduction nouvelle avec le texte hébreu ponctué et accentué d'après les meilleures éditions, accompagnée de notes explicatives, et suivie de la traduction complète des Haphtaroth (lectures complémentaires), par L. Wögue. *Paris, E. Durlacher*, 1860, 5 vol. in-8, demi-rel., chag. bleu, tête dorée, n. r.

3. ELIZÉ DE MONTAGNAC. Histoire des Chevaliers Templiers et de leurs prétendus successeurs, suivie de l'histoire des ordres du Christ et de Montesa. *Paris,*

Aug. *Aubry*, 1864, 1 vol. in-12, dem.-rel., dos et coins mar. violet, tête dor., n. rog. (*Cuzin.*)

4. ÉLIZÉ DE MONTAGNAC. Histoire des Chevaliers hospitaliers de Saint-Jean-de-Jérusalem, appelés depuis Chevaliers de Rhodes et aujourd'hui Chevaliers de Malte. *Paris, chez Aug. Aubry*, 1863, 1 vol. in-8, dem.-rel., dos et coins mar. violet, tête dor., n. rog. (*Cuzin.*)

5. DULAURE. Histoire abrégée des différents cultes. *Paris, Guillaume*, 1825, 2 vol. in-8, demi-rel., veau fauve, tête dor., n. r.

6. DEMOUSTIER. Lettres à Émilie sur la mythologie. *Paris, Furne, Jouvet et C*, 1868, 1 vol. in-8, fig., demi-rel., dos et coins mar. vert, tête dor., n. rog. (*Cuzin.*)
Exemplaire sur grand papier de Hollande (n° 3 sur 110 ex.).

PHILOSOPHIE.

7. ESSAIS DE MICHEL DE MONTAIGNE, nouvelle édition, avec les notes de tous les commentateurs, choisies et complétées par J.-V. Le Clerc, précédée d'une nouvelle étude sur Montaigne, par M. Prévost-Paradol. *Paris, Garnier frères*, 1865, 4 vol. gr. in-8, portr., demi-rel., mar. bl., tête dor. éb. (*Cuzin.*)
Papier de Hollande, tiré à 150 exemplaires numérotés. Épuisé, rare.

8. MONTAIGNE. Les Essais, accompagnés d'une notice sur sa vie et ses ouvrages, d'une étude bibliographique, de variantes, de notes, de tables et d'un glossaire par E. Courbet et Ch. Roger. *Paris, A. Lemerre*, 1872, tome I, 1 vol. in-8, br.
Exemplaire sur grand papier de Chine (n° 25 sur 25 ex.).

8 *bis*. Le même.
Papier Wathmann (n° 14 sur 26 exemplaires).

9. La Rochefoucauld. OEuvres, nouvelle édition revue sur les plus anciennes impressions et les autographes et augmentée de morceaux inédits, de variantes, de notices, de notes, de tables particulières pour les Maximes et pour les Mémoires, d'un lexique des mots et locutions remarquables, d'un portrait, de fac-simile, etc., etc., par M.-D.-L. Gilbert, *Paris, L. Hachette*, 1868, 1 vol. in-8, br.

10. La Rochefoucauld, premier texte publié par F. de Marescot. *Paris, Jouaust*, 1869, 1 vol. in-12, broché dans un carton.

Collection du Cabinet du Bibliophile.
Exemplaire sur papier de Chine.

11. La Rochefoucauld. Réflexions ou sentences et maximes morales, édition Louis Lacour, impression de D. Jouaust. *Paris, Académie des Bibliophiles*, 1868, 1 vol. in-8, demi-rel., dos et c. mar. lav., tête dor., n. rog. (*Cuzin.*)

Papier vergé (n° 8 sur 525 exemplaires).

12. La Rochefoucauld. Réflexions ou Sentences et Maximes morales. Textes de 1665 et de 1678, revus par Charles Royer. *Paris, A. Lemerre*, 1870, 1 vol. petit in-12 br.

Exemplaire sur papier de Chine (n° 9 sur 50 exempl.).

13. Madame de Sablé. Maximes (1678), publiées par D. Jouaust. *Paris, Académie des Bibliophiles*, 1870, 1 vol. in-12 br.

N° 10 *de la collection du Cabinet du Bibliophile.*

Exemplaire sur papier de Chine (n° 5 sur 15 ex.).

14. La Bruyère. Premier texte, publié par *D. Jouaust*, 1868. 1 vol. in-12 br., dans un étui.

N° 1 *de la collection du Cabinet du Bibliophile.*
Exemplaire sur papier de Chine.

15. La Bruyère. Les Caractères, ou les Mœurs de ce siècle, précédés des Caractères de Théophraste,

traduits du grec. Texte revu sur la 9ᵉ éd. originale
de 1696, avec une notice et des notes par Ch. Asselineau *Paris, A. Lemerre*, 1872, 2 vol. in-8 br.
Exemplaire sur papier de Chine (nᵒ 25 sur 25).

16. *Le même.*
Exemplaire sur papier Wathmann (Nᵒ 8 sur 26 exemplaires).

SCIENCES.

17. Cu. Dézobry et Th. Bachelet. Dictionnaire général des lettres, des beaux-arts et des sciences morales et politiques, 2ᵉ édition. *Paris, Ch. Delagrave
et Cⁱᵉ*, 1868, 1 vol. gr. in-8, demi-rel., dos ch. rouge,
plats percaline.

18. Alexandre de Humboldt. Cosmos, Essai d'une
description physique du monde, trad. de M. H. Faye
et de M. Ch. Galuski, 4ᵉ édit. *Paris, Guérin et Cⁱᵉ*,
1866-1867, 4 vol. in-8 br.

19. François Arago. Astronomie populaire. Nouvelle
édition, mise au courant des progrès de la science
par M. J.-A. Barral. *Paris, L. Guérin*, 1867, 4 vol.
in-8 br.

BELLES-LETTRES.

LINGUISTIQUE — POÈTES ANCIENS — POÈTES FRANÇAIS.

20. Alfred Delvau. Dictionnaire de la langue verte,
argots parisiens comparés. *Paris, E. Dentu*, 1866,
1 vol. pet. in-8 br.

21. Alfred Delvau. Dictionnaire de la langue verte,
argots parisiens comparés, 2ᵉ édition, entièrement

refondue et considérablement augmentée. *Paris,
E. Dentu*, 1867, 1 vol. in-12 br.
Papier de Hollande (n° 19).

22. HOMÈRE. Iliade et Odyssée, traduction nouvelle
par Leconte De Lisle. *Paris, A. Lemerre*, 1867, 2 vol.
in-12 br., dans deux étuis.
Exemplaire sur papier de Chine (n° 2 sur 6 ex.).

23. HÉSIODE. Hymnes orphiques, Théocrite, Bion,
Moskus, Tyrtée, odes anacréontiques, traduction
nouvelle par Leconte De Lisle. *Paris, A. Lemerre*,
1869. 1 vol. in-8 br.
Exemplaire sur papier de Chine (n° 2 sur 10 ex.).

24. ANACRÉON. Odes avec LIV compositions, par
Girodet, traduction d'Ambroise Firmin-Didot. *Paris,
Firmin-Didot frères*, 1864, pet. in-16, phot., cart.,
toile éb.

25. HORACE. OEuvres, traduction nouvelle de Leconte
De Lisle, avec le texte latin. *Paris, A. Lemerre*, 1873,
2 vol. petit in-12 br.
Exemplaire sur papier de Chine (n° 18 sur 35 ex.).

26. DÉSIRÉ NISARD. Histoire de la littérature française, 4ᵉ édition. *Paris, F. Didot frères, fils et Cᵉ*.
4 vol. in-12, demi-rel., chag. vert, tête dor, n. rog.

27. ANATOLE DE MONTAIGLON. Recueil général et complet des Fabliaux des XIIIᵉ et XIVᵉ siècles, imprimés
ou inédits, publiés d'après les manuscrits. *Paris,
Librairie des Bibliophiles*, 1872 (tome Iᵉʳ), 1 vol.
gr. in-8, br.
Exemplaire sur grand papier de Chine (n° 18 sur 25 ex.).

**28. RECUEIL DE POÉSIES FRANÇOISES DES XVᵉ ET XVIᵉ
SIÈCLES,** morales, facétieuses, historiques, réunies et
annotées par M. Anatole de Montaiglon, *A Paris,
chez P. Jannet*, 1855-1865, 9 vol. in-16, cart.,
perc. rouge.

29. **Dix-sept belles chansons.** S'ensuyvent dix-sept belles chansons nouvelles, dont les noms, etc., etc. ; réimpression gothique, publiée par les soins de M. A. Percheron, 1 vol. in-12, demi-rel., dos et c. mar. rouge, tête dor., n, rog. (*Allô.*)

N° 34 sur 75 exemplaires.

30. **La Fleur des chansons.** Les grans chansons nouvelles, qui sont en nombre cent et dix. Réimpression gothique, 1 vol. in-12, demi-rel., dos et c. mar. vert, tête dor., n. rog. (*Allô.*)

31. **François Villon.** OEuvres complètes, nouvelle édition, revue, corrigée et mise en ordre, avec des notes historiques et littéraires par P.-L. Jacob, bibliophile. *A Paris, chez P. Jannet*, 1854, 1 vol. in-16, cart., perc. rouge.

Rare.

32. **Jehan Marot.** Poème inédit, publié d'après un manuscrit de la Bibliothèque impériale, avec une introduction et des notes par Georges Guiffrey. *Paris, Vve J. Renouard* (impression de Perrin), in-8, demi-rel., dos et c. mar. vert foncé, tête dor., n. rog.

33. **Clément Marot.** OEuvres annotées, revues sur les éditions originales et précédées de la vie de Clément Marot par Charles d'Héricault. *Paris, Garnier frères*, 1867, in-8, portrait, demi-rel., dos et c. mar. vert, tête dor., n. rog. (*Cuzin.*)

Un des 150 exemplaires sur papier de Hollande.

34. **Clément Marot**, de Cahors, vallet de chambre du Roy. OEuvres. *Lyon, N. Scheuring*, 1869, impression de L. Perrin. 2 vol. pet. in-8, mar. rouge, filets comp., tr. dor. (*Lortic.*)

Un des 10 exemplaires sur papier de Chine (n°   ). (*Très-rare.*)

35. *Le même*, 2 vol., pet. in-8, mar. rouge filets comp., tr. dor. (*Cuzin.*)

Un des 100 exemplaires sur papier Wathmann.

50. Malherbe. OEuvres complètes, recueillies et annotées par M. L. Lalanne, ancien élève de l'Ecole des Chartres, nouvelle édition revue sur les autographess les copies les plus authentiques et les plus anciennes impressions, et augmentée de notices, de variantes, de notes, d'un lexique des mots et locutions remarquables, d'un portrait, d'un fac-simile, etc., etc. *Paris, L. Hachette et Cie*, 1862-69, 5 vol. et 1 album, ens. 6 vol. demi-rel., mar. vert, tête dor., n. rog.

51. LA FONTAINE. Fables choisies, mises en vers, texte original et notes par A. Pauly.— Contes et nouvelles en vers, publiés par le même. *Paris, A. Lemerre*, 1868, 4 vol. petit in-12, mar. rouge, dos orné, fil. comp., tr. dor. (*Cuzin.*)

Très-rare.
Un des 20 exemplaires sur papier de Chine (n° 7).

52. Eisen. Douze vignettes (dont une en double) pour les Contes de La Fontaine. Ed. des Fermiers Généraux (*Figures refusées.*)

53. Boileau. Les Satires du sieur Nicolas Boileau-Despréaux, réimprimées conformément à l'édition de 1701, dite édition favorite. Introduction et notes de F. de Marescot. *Paris, Académie des Bibliophiles*, 1868, 1 vol. in-8° br.

Exemplaire sur papier de Chine.

54. Boileau. Le Lutrin, poëme héroï-comique. Édition conforme au texte original, ornée de vignettes par Ernest et Frédéric Hillemacher. *Lyon, N. Scheuring*, 1862, *impression de L. Perrin*, 1 vol. in-4°, cart. non rog.

Exemplaire sur papier teinté, à 300 exemplaires.

55. Moreau le Jne. Deuxième suite de vignettes et portraits in-8° pour les OEuvres de Voltaire.

56. Voltaire. La Pucelle d'Orléans, poëme en vingt et un chants, édition ornée de figures gravées par

les meilleures artistes de Paris. *A Paris, de l'imprimerie de Didot le jeune, l'an III*, 2 vol. in-4, demi-
rel. mar. rouge, n. rog.

Figures de Monnet, Marillet et Monsiau avant la lettre.

57. Voltaire. La Pucelle d'Orléans, poëme en vingt
et un chants, édition ornée de figures gravées par
Duplessis-Berthaud. *Londres*, 1780 (*réimpression
Leclere*), 2 vol. in-8, br.

Grand papier vélin.

58. La Pucelle d'Orléans, poëme en vingt et un
chants, avec les notes et variantes par M. de Voltaire. *A Buckingham* (*s. d.*), 1 vol. in-8, fig. veau
fauve, tr. dor.

Édition ornée des figures de la première suite de Moreau.

59. Marillier, Monsiau et Monnet. Suite de 21 vignettes et 1 portrait pour la Pucelle. (Tirage in-f°.)

60. Desenne. Suite de 21 vignettes et 2 portraits
(épreuves sur chine montées in-4°) pour la Pucelle.

61. Gravelot. Suite de 21 vignettes pour la Pucelle
de Voltaire.

62. Gresset. Poëmes. *A Paris, D. Jouaust*, 1867,
1 vol. in-8, demi-rel. dos et coins mar. or., tête
dorée, n. rog. (*Cuzin.*)

Exemplaire sur papier vergé (n° 91 sur 100).

63. *Le même.*

Exemplaire sur papier de Chine (tirage à 5 exemplaires.

64. Vadé. La Pipe cassée, poëme épitragi-poissardi-
héroï-comique. *Paris, Leclere*, 1866, 1 vol. in-8,
demi-rel., dos et coins mar. rouge, n. rog. (*Durlaud.*)

Exemplaire sur papier de Chine.

65. Le Fond du Sac, ou Recueil de contes en vers et

en prose et de pièces fugitives. *Paris, Leclerc*, 1866
(impression de Louis Perrin), 1 vol. in 8, br.

Un des 30 exemplaires sur papier de Chine.

66. ANTHOLOGIE DES POÈTES FRANÇAIS, depuis le XVe siècle jusqu'à nos jours. *Paris, A. Lemerre (S. D.)*,
1 vol. petit in-12 br.

Exemplaire sur papier de Chine (n° 2 sur 20 ex.).

67. LECONTE DE LISLE. Poëmes barbares, édition dé-
finitive, revue et considérablement augmentée.
Paris, A. Lemerre, 1872, 1 vol. in-8° br.

Exemplaire sur papier de Chine (n° 9 sur 10 ex.).

68. THÉODORE DE BANVILLE. Les Stalactites, Odelettes,
Améthystes (1843-1872), *Paris, A. Lemerre*, 1873,
1 vol. petit in-12 br.

Exemplaire sur papier de Chine (n° 7 sur 20 ex.).

69. THÉODORE DE BANVILLE. Idylles prussiennes (1870-
1871). *Paris, A. Lemerre*, 1872. 1 vol. petit in-12
broché.

Exemplaire sur papier de Chine (n° 9 sur 20 ex.).

70. JOSÉPHIN SOULARY. OEuvres poétiques, deuxième
partie. Poëmes et poësies (1847-1871). *Paris, A.
Lemerre*, 1872, 1 vol. petit in-12 br.

Exemplaire sur papier de Chine (n° 7 sur 20 ex.).

71. JOSÉPHIN SOULARY. OEuvres poétiques, première
partie. Sonnets (1847-1871). *Paris, A. Lemerre*,
1872, 1 vol. petit in-12 br.

Exemplaire sur papier de Chine (n° 7 sur 20 ex.).

72. ANDRÉ LEMOYNE. Poésies (1855-1870) (Les Char-
meuses. — Les Roses d'Antan). *Paris, A. Lemerre*,
1871, 1 vol. in-12 br.

Exemplaire sur papier de Chine (n° 1 sur 20 ex.).

73. FRANÇOIS COPPÉE. Poésies (1864-1869). *Paris, A.
Lemerre*, 1870, 1 vol. in-12 br.

Exemplaire sur papier de Chine (n° 8 sur 25 ex.).

74. François Coppée. Le Reliquaire, eau-forte de Léopold Flameng. *Paris, A. Lemerre,* 1867 1 vol. in-12 br.

Exemplaire sur papier de Chine (Rare).

75. Sully-Prudhomme. Poésies, stances et poëmes (1865-1866). *Paris, A. Lemerre,* 1872. 1 vol. petit in-12 br.

Exemplaire sur papier de Chine (n° 18 sur 25 ex.).

76. Sully-Prudhomme. Poésies, 1866-1872 (les Epreuves, les Ecuries d'Augias, Croquis italiens, les Solitudes, Impressions de la guerre). *Paris, A. Lemerre,* 1872, 1 vol, petit in-12 br.

Exemplaire sur papier de Chine (n° 18 sur 20 ex.).

77. Victor Hugo. L'Année terrible. *Paris, Michel Lévy,* 1872, 1 vol. in-12 br.

Édition originale.

78. Collections de poésies *sur la guerre de* 1870-1871. *Paris, A. Lemerre,* 1871, 28 vol. in-12 br.

Papier de Chine. Cette collection se compose de :

Bergerat. Les Cuirassiers de Reischoffen.
— Le Maître d'école.
— Strasbourg.
— Hymne à la France.
— Châteaudun.
— Le petit Alsacien.
Coppée. Lettre d'un mobile Breton.
— Plus de sang !
— Fais ce que dois !
— Les Bijoux de la délivrance.
— L'Invasion.
— Les Paroles du vaincu.
Les deux revanches.
Duflot. Aux Enfants morts.
Frank. La Horde allemande.
Glatigny. Rouen.
Lacaussade. Cri de guerre.
— Le Siége de Paris.
Laluyé. A la France.
Leconte De Lisle. Le Sacre de Paris.
— Le soir d'une Bataille.
Catulle Mendès. La colère d'un Franc-Tireur.
— Odelette guerrière.
Renaud. Au bruit du canon.
Siéfert. Les saintes colères.
Soulary. Pendant l'invasion.
André Theuriet. Les paysans de l'Argonne.
— Le Legs d'une Lorraine.

79. SONNETS ET EAUX-FORTES. *Paris, A. Lemerre,* 1869, 1 vol. in-4, dans un carton.

Exemplaire sur papier de Chine; on a ajouté une suite d'épreuves tirées au bistre, sur papier Wathmann.

THÉATRE.

81. Eschyle. Traduction nouvelle par Leconte De Lisle. *Paris, A. Lemerre,* 1872, 1 vol, in-8, br.

Exemplaire sur papier de Chine (nᵒ 2 sur 10 ex.).

82. OEuvres de P. Corneille, nouvelle édition, revue sur les plus anciennes impressions et les autographes, et augmentée de morceaux inédits, des variantes, de notices, de notes, d'un lexique des mots et locutions remarquables, d'un portrait sur chine, vues, d'un fac-simile, blason colorié, par M. Ch. Marty-Laveaux. *Paris, L. Hachette et Cⁱᵉ,* 1862, 12 vol. gr. in-8 et un album, ens. 13 vol., demi-rel., mar. bl., tête dor., n. rog.

Bel exemplaire.

83. Jules Claretie. Molière, sa vie et ses œuvres. *Paris, A. Lemerre,* 1873, 1 vol. in-12, br.

Exemplaire sur papier de Chine.

83 *bis. Le même.*

Exemplaire sur papier Wathmann (nᵒ sur 20).

85. Molière. OEuvres complètes, nouvelle édition, collationnée sur les textes originaux, avec leurs variantes, précédée de l'histoire de sa vie et de ses ouvrages, par M. J. Taschereau. *Paris, Furne et Cⁱᵉ,* 1863, 6 vol. in-8, demi-rel., dos et c. mar. rouge, tête dor., n. rog.

Un des cent exemplaires sur papier de Hollande (nᵒ 50).

86. Molière-Lully. Le Mariage forcé, comédie-ballet en 3 actes ou le Ballet du Roi, dansé par le roi

Louis XIV, le 29e jour de janvier 1664. Nouvelle
édition publiée d'après le manuscrit de Philidor
l'aîné, par Ludovic Celler, avec des fragments inédits de Molière et la musique de Lully, réduite pour
piano. *Paris, L. Hachette et Cie, 1867, 1 vol. in-8,
br.*

Exemplaire sur papier de Chine.

87. MOLIÈRE. Œuvres avec notes et variantes, par
Alphonse Pauly. *Paris, A. Lemerre, 5 vol. petit
in-12, br.*

Exemplaire sur papier de Chine (n° 18 sur 35).

88. Le même, 5 vol., petit in-12, br.
Papier Wathmann.

89. Trente vignettes et un portrait gravés d'après
Moreau pour les Œuvres de Molière.

90. Collection de 33 portraits de comédiens de la
troupe de Molière, gravés à l'eau-forte par F. Hillemacher. (*Papier teinté.*)

91. ŒUVRES DE RACINE, nouvelle édition, revue sur
les plus anciennes impressions et les autographes, et
augmentée de morceaux inédits, de variantes, de
notices, de notes, d'un lexique des mots et locutions
remarquables, d'un portrait, de fac-simile, etc., par
M. Paul Mesnard. *Paris, L. Hachette et Cie, 1865,
8 vol. in-8*, portr. et fac-simile, album et vol. de
musique, ensemble 10 vol. demi-rel. mar. r. tête
dor., n. rog.

Bel exemplaire.

92. BEAUMARCHAIS. Théâtre complet, réimpression des
éditions princeps avec les variantes des manuscrits
originaux, publiées pour la première fois par
G. d'Heylli et F. de Marescot, impression par
*D. Jouaust. Paris, Académie des Bibliophiles, 1869,
4 vol. in-8* mar. r., dos orné fil. tr. d. (*Cuzin.*)

Un des 25 exemplaires sur papier de Chine (n° 20).

93. BEAUMARCHAIS. Théâtre (le Barbier de Séville, le Mariage de Figaro), avec une notice et des notes, par Ch. Beauquier. *Paris, A. Lemerre*, 1872-1873, 2 vol. pet. in-12 br.

Exemplaire sur papier de Chine (n° 9 sur 50 ex.).

94. LES SOUVENIRS ET LES REGRETS D'UN VIEIL AMATEUR DRAMATIQUE, ou Lettres d'un oncle à son neveu sur l'ancien théâtre français, ouvrage orné de gravures coloriées. *Paris, Alphonse Leclère*, 1861, 1 vol. in-8 demi-rel. dos et c. mar. bl., tête dor., n. r. (*David.*)

Exemplaire sur papier de Chine.

95. FRANÇOIS COPPÉE, Théâtre, 1869-1872 (le Passant, — Deux Douleurs, — Fais ce que dois, — l'Abandonnée, — les Bijoux de la Délivrance). *Paris, A. Lemerre*, 1872, 1 vol. pet. in-12 br.

Exemplaire sur papier de Chine (n° 8 sur 28 ex.).

96. FRANÇOIS COPPÉE. Le Passant, comédie en un acte et en vers. *Paris, A. Lemerre*, 1869, 1 vol. in-12 broché.

Exemplaire sur papier de Chine.

ROMANS.

97. DAPHNIS ET CHLOÉ, ou les Pastorales de Longus, traduites du grec par J. Amyot, nouvelle édition, revue, corrigée et complétée. *Paris, Leclère*, 1863, 1 vol. in-8 br.

Exemplaire sur papier de Chine (n° 2 sur 6 ex.).

98. LES AMOURS PASTORALES DE DAPHNIS ET CHLOÉ, traduites par Jacques Amyot, texte de 1559, suivies de la traduction revue par Paul-Louis Courier, précédées d'une notice par Etienne Charavay. *Paris, A. Lemerre*, 1872, 1 vol. pet. in-12, br.

Exemplaire sur papier de Chine (n° 31 sur 35 ex.).

99. Apulée. L'Ane d'or ou la Métamorphose. Traduction de Savalète, préface de J. Andrieux, avec nombreuses gravures dessinées par A. Racinet et P. Bénard. *Paris, A. Firmin-Didot*, 1872, 1 vol. in-8, br.

Exemplaire sur papier de Chine.

100. Pogge. Les Contes de Pogge, Florentin, avec introduction et notes par P. Ristelhuber. *Paris, A. Lemerre*, 1867, 1 vol. in-12, mar. lav. foncé, dos orné fil comp., tr. dor. (*Cuzin.*)

Un des 12 Exemplaires sur papier de Chine (très-rare).

101. Pogge. Quelques contes de Pogge traduits pour la première fois en français par Philomneste Junior. *Genéve, Gay et fils*, 1868, 1 vol. in-8, demi-rel., dos et coins mar. rouge, tête dor., n. rog. (*Cuzin.*)

Papier vergé, tiré à 104 exempl.

102. Histoire et cronicque du petit Jehan de Saintré et de la jeune dame des belles cousines, sans aultre nom nommer. *Paris, Didot*, 1830, gr. in-8 gothique cartonné, n. rog.

103. Marguerite de Navarre. Les Sept Journées de la Reine de Navarre, suivies de la huitième (édition de Claude Gruget, 1559), notices et notes par Paul Lacroix. Index et glossaire. Planches à l'eau-forte par Flameng. *Paris, librairie des Bibliophiles*, 1872, 4 vol in-8, br.

Exemplaire sur papier de Chine (nº 2 sur 10 ex.).

104. Rabelais ressuscité récitant les faicts et comportements admirables de très-valeureux Grandgosier, roy de Place-Vuide. *Rouen*, 1611, nouv. édit. avec notes de Philomneste Junior. *Genéve, Gay et fils*, 1867, 1 vol. pet. in-12, demi-rel., dos et coins mar. citron, tête dor., n. r.

Papier de Hollande (nº 77 sur 100 ex.).

105. Bringuenarille. La Navigation du compaignon à

la bouteille, suivie de Maistre Hambrelin, réimpression textuelle faite sur l'édition de Paris, *Cl. Micard*, 1576, augmentée d'une introduction et de notes par Philomneste Junior. *Genève, J. Gay et fils*, 1867, 1 vol. pet. in-12, demi-rel., dos et coins mar. cit., tête dor., n. rog. (*Cuzin.*)

Exemplaire sur papier de Hollande (n° 67 sur 100).

106. **Rabelais.** OEuvres, collationnées pour la première fois sur les éditions originales, accompagnées de notes nouvelles et ramenées à une orthographe qui facilite la lecture, bien que choisie exclusivement dans les anciens textes, par MM. Burgaud des Marets et Rathery. *Paris, F.-Didot*, 1857, 2 vol. gr. in-18, demi-rel. dos et c. mar. rouge, tête dor., n. rog.

107. **Rabelais.** La Chronique de Gargantua, premier texte du roman de Rabelais, précédé d'une notice par M. Paul Lacroix. *Paris, D. Jouaust*, 1868, 1 vol. in-12 br., dans un étui.

N° 2 de la Collection du Cabinet du Bibliophile.

Exemplaire sur papier de Chine

108. **Rabelais.** OEuvres, seule édition conforme aux derniers textes revus par l'auteur, avec les variantes de toutes les éditions originales, des notes et un glossaire, t. Ier, chez P. Jannet, 1868, t. II, chez P. Daffis, 1872, 2 vol. in-16, br.

Exemplaire sur papier de Chine.

109. **Les OEuvres de maître François Rabelais,** accompagnées d'une notice sur sa vie et ses ouvrages, d'une étude bibliographique, de variantes, d'un commentaire, d'une table des noms propres et d'un glossaire par Ch. Marty-Laveaux. *Paris, A. Lemerre*, 1868, t. I, II et III, 3 vol. in-8.

Exemplaire sur papier de Chine (n° 25 sur 26 exempl.). Très-rare.

110. **Rabelais.** Les quatre livres de Maistre François

Rabelais, suivis du manuscrit du cinquième livre, publiés par les soins de MM. de Montaiglon et Louis Lacour. *Paris, Académie des Bibliophiles,* 1868-1870, *impression de Jouaust,* 3 vol. in-8.

Papier vergé, tiré à 525 exempl.

111. Rabelais. Eaux-fortes dessinées par Bracquemond. *Paris, A. Lemerre,* 1872.

Épreuves sur Chine.

111 *bis. Les mêmes.*

Épreuves tirées au bistre sur papier Wathmann.

111 *ter. Les mêmes.*

Épreuves tirées en rouge sur papier Wathmann.

111 *quat. Les mêmes.*

Épreuves tirées sur papier japonais.

112. Tahureau. Les Dialogues de Jacques Tahureau, gentilhomme du Mans, avec notice et index par F. Conscience. *Paris, A. Lemerre,* 1871, 1 vol. in-12 br.

Exemplaire sur papier de Chine.

113. CHARLES PERRAULT. Les Contes des Fées, en prose et en vers, nouvelle édition, revue et corrigée sur les éditions originales et précédée d'une lettre critique par Ch. Giraud, de l'Institut. *Paris, Imprimerie impériale,* 1864 (Leclère fils, libraire-éditeur), 1 vol. in-8 br., dans un carton.

Un des 25 exemplaires sur papier de Chine. Cette édition est devenue très-rare.

114. Perrault. Les Contes des Fées, en prose et en vers, deuxième édition, revue et corrigée sur les éditions originales et précédée d'une lettre par Ch. Giraud, de l'Institut. *Lyon, imprimerie de Louis Perrin,* 1865, 1 vol. in-8, demi-rel., dos et c. mar. rouge, tête dor., n. rog. (*Cuzin.*)

Exemplaire sur papier teinté.

115. **Montesquieu.** Lettres Persanes, édition Louis Lacour. *Paris, Académie des Bibliophiles. Impression de Jouaust*, 1 vol. in-8, demi-rel., dos et c. mar. bl., tête dor., n. rog. (*Cuzin.*)

Papier vergé à 525 exempl.

116. **Le Sage.** Le Diable boiteux. *Paris, D. Jouaust*, 1868, in-8, demi-rel., dos et c. mar. vert, tête dor., n. rog. (*Cuzin.*)

117. **L'abbé Prévost.** Manon Lescaut. *Paris, Jouaust*, 1867, 1 vol, in-8, demi-rel., dos et coins mar. rouge, tête dor., n. rog. (*Cuzin.*)

Papier de Hollande, tiré à 342 exempl.

118. **L'abbé Prévost.** Histoire du chevalier Des Grieux et de Manon Lescaut. *Paris, A. Lemerre*, 1870, 1 vol. pet. in- 12 br.

Exemplaire sur papier de Chine (n° " sur 50 exempl.).

119. **Point de Lendemain**, conte. *Paris, Leclerc*, 1866, Réimpression de l'édition de 1777, tirée à très-petit nombre. (*Impression de L. Perrin*), 1 vol. in-8, br. dans un carton.

Exemplaire sur papier de Chine.

120. **Bernardin de Saint-Pierre.** Paul et Virginie, précédé d'une préface par Jules Janin. *Paris, Jouaust*, 1869, 1 vol. in-8, demi-rel., dos et c. mar. bl., tête dor., n. rog. (*Cuzin.*)

Exemplaire sur papier de Hollande (n° 79 sur 342). Eaux-fortes de V. Foulquier.

121. **J. Barbey d'Aurevilly.** L'Ensorcelée. *Paris, A. Lemerre*, 1873, 1 vol. petit in-12 br.

Exemplaire sur papier de Chine (n° 18 sur 20).

122. **Ch. Baudelaire.** Les Paradis artificiels, Opium et Haschisch. *Paris, Poulet-Malassis et de Broise*, 1860, 1 vol. in-12, demi-rel., dos et c. mar. rouge, tête dor., n. rog. (*Cuzin.*)

123. HENRY MONNIER. Les Bas-Fonds de la société. *Paris, Jules Claye*, 1862, 1 vol. in-8, reliure en parchemin, n. r.

Exemplaire sur papier de Hollande (n° 167 sur 200).

124. ALFRED DELVAU. Les dessous de Paris, avec une eau-forte par Léopold Flameng. *Paris, Poulet-Malassis et de Broise*, 1860, 1 vol. in-12 br.

Frontispice en divers états de couleur.

125. ALFRED DELVAU. Histoire anecdotique des cafés et cabarets de Paris, avec dessins et eaux-fortes de Gustave Courbet, Léopold Flameng et Félicien Rops. *Paris, E. Dentu*, 1862, 1 vol. in-12, fig., br.

Exemplaire sur papier de Hollande. On a joint un autographe de Delvau. « 2e article sur les barrières de Paris. » « Renseignements sur les barrières » et 4 vues épreuves sur Chine.
Exemplaire de la vente Monselet.

126. ALFRED DELVAU. Les Cythères parisiennes, histoire anecdotique des bals de Paris, avec 24 eaux-fortes et un frontispice de Félicien Rops et Emile Théroud. *Paris, E. Dentu*, 1864, 1 vol. in-12, fig., br.

127. ALFRED DELVAU. Histoire anecdotique des barrières de Paris, avec 10 eaux-fortes par Emile Théroud. *Paris, E. Dentu*, 1865, 1 vol. in-12 br.

128. ALFRED DELVAU. Les Heures parisiennes, 25 eaux-fortes d'Emile Benassit. *Paris, librairie Centrale*, 1861, 1 vol. in-12, demi-rel., dos et c. mar. r., tête dor., n. rog. (*Cuzin.*)

Exemplaire sur papier de Hollande, auquel on a joint l'appendice intitulé « Histoire du livre d'Alfred Delvau, avec portrait, fac-simile, et les cartons supprimés. » La planche Minuit est en double.

129. TH. DE BANVILLE. Les Camées parisiens, frontispice avec portraits à l'eau-forte de Ulm. *Paris, chez René Pincebourde*, 1866-1873, 3 vol. in-12 br.

Exemplaire sur papier de Chine.

MÉLANGES ET FACÉTIES.

130. VARIÉTÉS HISTORIQUES ET LITTÉRAIRES. Recueil de
pièces volantes rares et curieuses, en prose et en
vers, revues et annotées par M. Edouard Fournier.
A *Paris, P. Jannet*, 1855-1863, 10 vol. in-16, cart.
perc. rouge.

131. Collections de pièces publiées par *R. Pincebourde*, 1864-1866. 8 vol. in-12, demi-rel. v. f.,
tête dor., n. r.

(*Bibliothèque originale.*)

132. RECUEIL DE PIÈCES RARES ET CURIEUSES, anciennes
et modernes, en vers et en prose, remises en lumière
« pour l'esbattement des pantagruélistes, » avec le
concours d'un bibliophile. *Se vend à Paris, chez
A. Barraud, libraire, à l'enseigne de la Jarretière.*
(Collection Caron.)

Exemplaire sur papier de Chine (n° 14 sur 30).

133. BÉROALDE DE VERVILLE. Le moyen de parvenir,
œuvre contenant la raison de ce qui a esté, est ou
sera, avec démonstrations certaines selon la rencontre
des effets de vertu. Nouvelle édition, collationnée
sur les textes anciens, avec notes, variantes, index,
glossaire et notice bibliographique, par un bibliophile campagnard. *Paris, L. Willem*, 1870-1872,
2 vol. pet. in-8, demi-rel., dos et c. mar. v., tête
dor., n. rog. (*Cuzin.*)

Exemplaire sur papier de Chine.

134. LA BATAILLE FANTASTIQUE des Roys Rodilardus et
Croacus, traduction du latin d'Elisius Calentius, attri-
bué à Rabelais, avec une notice bibliographique par
M. P.-L. *Genève, J. Gay et fils*, 1867, 1 vol. pet.

— 24 —

in-12, demi-rel., dos et coins mar. citr., tête dor.,
non rog. (*Cuzin.*)

135. RECUEIL DES CHEVAUCHÉES DE L'ASNE faites à Lyon
en 1566 et 1578. *Lyon, N. Scheuring,* 1862, 1 vol.
in-12, dem-rel., dos et c. mar. lav., tête dor., n. r.
(*Cuzin.*)

ÉPISTOLAIRES.

136. DIANNE DE POYTIERS. Lettres inédites publiées
d'après les manuscrits de la Bibliothèque impériale,
avec une introduction et des notes par Georges
Guiffrey. *Paris, V*^{ve} *J. Renouard,* 1866. *Impression
de Louis Perrin,* 1 vol. in-8, demi-rel., dos et coins
mar. vert foncé, tête dor., n. rog. (*Cuzin.*)

136 *bis.* LETTRES DE MADAME DE SÉVIGNÉ, de sa
famille et de ses amis, recueillies et annotées par
M. Monmerqué. Nouvelle édition, revue sur les autographes, les copies les plus authentiques et les plus
anciennes impressions et augmentée de lettres inédites, d'une nouvelle notice, d'un lexique des mots
et locutions remarquables, de portraits, vues et fac-
simile, etc. *Paris, L. Hachette et C*^{ie}, 1862-66, 14
volumes et 1 album, ensemble 15 vol. demi-rel.
mar. lar., tête dor., n. rog.

POLYGRAPHES.

137. CHATEAUBRIAND. OEuvres complètes. *Paris, Furne,
Jouvet et C*^{ie}, 12 vol. in-8, demi-rel. chag. r., tête
dor., n. rog.

138. Victor Hugo. OEuvres complètes, nouvelle édition, ornée de vignettes. *Paris, V* Alexandre Hous-
siaux*, 1869, 18 vol. in-8, br.

139. Théophile Gautier. OEuvres. *Paris, Charpentier*
1873, 14 vol. in-12. dem.-rel. chagrin Lavallière.
tête dorée, n. rog.

140. Ch. Baudelaire. OEuvres complètes, édition dé-
finitive. *Paris, Michel Lévy frères*, 1869-1870,
7 vol. in-12, demi-rel., chag. rouge, tête dor., n.
rogn.

HISTOIRE.

141. Ch. Dézobry et Th. Bachelet. Dictionnaire général de biographie, d'histoire, de mythologie et
de géographie, 5ᵉ édition. *Paris, Ch. Delagrave et*
*C*ᵉ, 1869, 1 vol. gr. in-8, demi-rel. dos chag. rouge.
plats percaline.

142. D'Ailly. Recherches sur la monnaie romaine.
depuis son origine jusqu'à la mort d'Auguste. *Lyon,*
N. Scheuring, 1864-69, 2 tomes en 4 vol. in-4, cart.
Exemplaire sur papier de Hollande.

143. F. de Guillermy. Inscriptions de la France du
vᵉ siècle au xviiiᵉ, recueillies et publiées par F.
de Guilhermy. *Paris, Imprimerie nationale*, 1873,
tome Iᵉʳ. Ancien diocèse de Paris. 1 vol. in-8 br.

144. J. Spencer Northcote et W.-R. Brownlow.
Rome souterraine, résumé des découvertes de M. de
Rossi, dans les catacombes romaines. Traduit de
l'anglais, avec des additions et des notes par Paul
Allard et précédées d'une préface par M. de Rossi.
Ouvrage illustré de 70 vignettes. de 20 chromo-li-

thographies et d'un plan du cimetière de Callixtes.
Paris, Didier et Cie, 1872. 1 vol. gr. in-8, br.

Exemplaire sur grand papier de Hollande.

145. AUGUSTIN THIERRY. OEuvres. *Paris, Garnier frères. 5 vol. in-8, demi-rel. chag. bl., tête dor., n. rog.*

146. HENRI MARTIN. Histoire de France. 4e édition. *Paris, Furne, 1863. 17 vol. in-8, figures, demi-rel. chag. brun, tête dor., n. rog.*

147. GEOFFROI DE VILLE-HARDOUIN. La Conquête de Constantinople, avec la continuation de Henri de Valenciennes, texte original, accompagné d'une traduction par Natalis de Wailly. *Paris, Didot, 1872. in-4, broch.*

Exemplaire sur grand papier de Hollande.

148. JEAN, SIRE DE JOINVILLE. OEuvres comprenant l'Histoire de saint Louis, le Credo et la Lettre à Louis X, publiées par Natalis de Wailly. *Paris, Ad. Leclerc, 1867. 1 vol. in-4, demi-rel., dos et coins mar. vert, tête dor., n. rog.*

Exemplaire sur grand papier.

149. PROCÈS CRIMINEL DE JEHAN DE POYTIERS, seigneur de Saint-Vallier, publié d'après les manuscrits originaux de la Bibliothèque impériale, avec une introduction et des notes par Georges Guiffrey. *Paris, Lemerre, 1868, 1 vol. in-8, demi-rel., dos et coins mar. vert foncé, tête dor., n. rog. (Cuzin.)*

150. CARDINAL DE RETZ. OEuvres, nouvelle édition, avec notes, etc., etc., par M. Alphonse Feillet. *Paris, L. Hachette, 1870, 2 vol. in-8 br.*

151. P. ALLUT. L'accueil de Madame de la Guiche à Lyon, le Lundy vingt-septième d'avril MDXCVIII, publié jouxte la copie imprimée à Lyon la même an-

née et se trouve en la boutique de N. Scheuring, libraire, 1 vol. in-8 br.

Papier de Hollande (n° 69 sur 100 exempl.).

152. TALLEMANT DES RÉAUX. Les Historiettes, 3° édition entièrement revue sur le manuscrit original et disposée dans un nouvel ordre par MM. de Mommerqué et Paulin Paris. *Paris, chez J. Techener*, 1854-1860, 9 vol., in-8, demi-rel. chag. v., tête dor. n. rog.

153. GEORGES D'HEILLY. L'Odieuse profanation faite des cercueils royaux de l'Abbaye de Sainct-Denys en l'année MDCCXCIII. *Imprimé à Lutèce, près la bonne ville de Sainct-Denys, en l'Isle de France, l'an de grâce* M. DCCCLXVIII, in-12 br.

Exemplaire sur papier de Chine, avec ce titre spécial, tiré à dix exemplaires pour dix enragés bibliophiles.

154. A. THIERS. Histoire de la Révolution française. 13° édition. *Paris. Furne-Jouvet*, 1870, 10 vol. in-8, demi-rel. chag. vert, tête dorée, n. rog. et atlas cart. — Histoire du Consulat et de l'Empire, *Paris*, 1863. 21 vol. in-8, demi-rel. chagr. vert, tête dorée, non rogné et atlas cartonné.

Bel exemplaire, reliure uniforme.

155. HISTOIRE GÉNÉRALE DE PARIS, publiée sous la direction de M. le baron Haussmann. *Paris*, 1860-70, 10 vol. in-4, cartonnés.

BIBLIOGRAPHIE.

156. QUÉRARD. Les supercheries littéraires dévoilées, 2° édition, considérablement augmentée, publiée par MM. G^{ve} Brunet et Pierre Jannet. *Paris, Paul Daffis*, 1869, 3 vol. grand in-8, en 6 parties, br.

Un des 100 exemplaires sur grand papier vergé (n° 28).

157. A.-A. BARBIER. Dictionnaire des ouvrages anonymes, 3° édition, revue et augmentée par MM. Olivier Barbier, René et Paul Billiard, de la Bibliothèque nationale. *Paris, Paul Daffis*, 1872, 2 vol. grand in-8, en 4 parties, br.

Exemplaire sur grand papier vergé.

158. J.-M. QUÉRARD. Œuvres posthumes, publiées par G. Brunet. Livres à clef. *Bordeaux, Charles Lefebvre,* 1873, 2 vol. in-8, papier vergé, br.

N° 188 sur 300 exemplaires.

159. PAUL LACROIX (bibliophile Jacob). Bibliographie Moliéresque, contenant : 1° La description de toutes les éditions des œuvres et des pièces de Molière; 2° les imitations et traductions desdites pièces : 3° les ballets, fêtes de cour, poésies de Molière, etc.; 4° l'indication des ouvrages en tout genre concernant Molière, sa troupe et son théâtre, avec notes et commentaires. *Turin, chez J. Gay et fils,* 1872, 1 vol. in-8 br.

N° 113 sur 204 exemplaires.

160. LE BIBLIOPHILE FANTAISISTE. Magazine mensuel. *Turin, J. Gay et fils,* 1869, 1 vol. pet. in-12 br.

Exemplaire sur papier de Chine n° 121 sur 175.

161. Bibliographie romantique. Catalogue anecdotique des éditions originales des œuvres de Victor Hugo, Alfred de Vigny, Prosper Mérimée, Alexandre Dumas, Jules Janin, Théophile Gautier, Pétrus Borel, etc., par Charles Asselineau : 2° édition, revue et très-augmentée, avec une eau-forte de Bracquemont. *Paris, P. Rouquette,* 1872, gr. in-8 jésus, broché.

Exemplaire sur grand papier de Chine, auquel on a ajouté l'eau-forte frontispice, gravée par Célestin Nanteuil, pour la première édition et différentes vignettes.

162. HENRY COHEN. Guide de l'Amateur de livres à vignettes du 18° siècle, *Paris, chez P. Rouquette,* 1870, 1/2 rel. dos et c. mar. lav., tête dor., n. rog. (*Cuzin.*)

Exemplaire sur papier de Chine (n° 3 sur 15 ex.).

163. Eug. Hatin. Bibliographie historique et critique de la presse périodique française ou Catalogue systématique et raisonné de tous les écrits périodiques de quelque valeur publiés ou ayant circulé en France depuis l'origine du Journal jusqu'à nos jours, etc., *Paris. Firmin-Didot frères, fils et C°*, 1866, 1 vol. in-8 broché.

Exemplaire sur grand papier de Hollande.

164. OEuvres complètes de Bossuet. Édition publiée par l'abbé Caron. *Versailles, Lebel*, 1815-19, 43 vol. in-8. — Vie de Bossuet, par le Cardinal de Bausset, 4 vol. in-8, rel. mar., non rognés.

165. Maximes et Réflexions morales de La Rochefoucauld. *Paris, impr. Didot l'aîné*, 1776, gr. in-4, maroq. r. fil., tr. dor.

Aux armes du prince d'Essling.

166. Voyages de Gulliver. *Paris, Leclerc*, 1860, 4 vol. in-12, papier de Hollande, figures avant la lettre, maroquin vert fil., tr. dor. (*Hardy.*)

Aux armes du prince d'Essling.

167. La Gazette des Beaux-Arts. Courrier Européen de l'art et de la curiosité. *Paris*, 1859 à septembre 1872 (12 années), *figures*.
Les années 1859 à 1864 sont en 16 vol. gr. in-8, demi-rel.

La suite est en livraisons.